Bibliografische Information der Deutschen Nationalbibliothek:

Die Deutsche Bibliothek verzeichnet diese Publikation in der Deutschen National-
bibliografie; detaillierte bibliografische Daten sind im Internet über http://dnb.d-
nb.de/ abrufbar.

Impressum:

Copyright © 2010 GRIN Verlag, Open Publishing GmbH
Druck und Bindung: Books on Demand GmbH, Norderstedt Germany
ISBN: 9783640587414

Dieses Buch bei GRIN:

http://www.grin.com/de/e-book/147834/mobile-apps-auf-dem-blackberry

Fabian Heidenstecker

Mobile Apps auf dem Blackberry

GRIN Verlag

Fachhochschule für Ökomomie und Management

Mobile Apps auf dem BlackBerry

Fabian Heidenstecker

BWI WS07 DU

Modul E-Business & Mobile Computing
Wirtschaftsinformatik 2009/2010

Oberhausen, Januar 2010

Inhaltsverzeichnis

Abbildungsverzeichnis

1. Einleitungen

1.1 Allgemeine Einleitung

Die mobile Kommunikation und auch Datenverarbeitung hat längst Einzug in das Alltagsleben der meisten Menschen gehalten. Sei es nun im privaten oder im geschäftlichen Umfeld. Der Hersteller RIM mit seinem Produkt Blackberry steht dabei als Synonym für die moderne Form der mobilen Datenverarbeitung im Enterprise Umfeld.

In der Geschäftswelt weitgehend etabliert, gerade aufgrund der Stärke der Mail- und PIM-Funktionalitäten, versucht der Hersteller Research in Motion auch im Consumer Bereich vermehrt Fuß zu fassen. Dazu bedarf es, wie das Erfolgsmodell iPhone des Konkurrenten Apple zeigt, nicht nur ein Stück Hardware zu verkaufen, sondern einen Zusatznutzen über die Bereitstellung attraktiver Software zu generieren. Der wegweisende Erfolg von Apples Appstore war die Inspiration für den Start von RIMs App World.

1.2 Zielsetzung und Aufbau der Hausarbeit

In dieser Hausarbeit soll die Plattform BlackBerry in Bezug auf die Entwicklung mobiler Applikationen untersucht werden. Dazu soll im ersten Schritt die Blackberry Plattform, sprich Geräte und Infrastruktur beleuchtet werden.

Im folgenden Abschnitt werden die verschiedenen Entwicklungswerkzeuge vorgestellt. Die Entwicklung einer Beispielapplikation soll einen Einblick in die praktische Nutzung dieser Werkzeuge vermitteln.

Anschließend soll die AppWorld von Research in Motion untersucht, und kurz die Möglichkeiten des Publishings von Applikationen dargestellt werden.

Ein kurzes Fazit bildet den Abschluss der Hausarbeit

1.3 Abgrenzung

Ziel dieser Hausarbeit ist die eine umfassende Beschreibung der Blackberry Hard- und Software. Weiterhin ist diese Hausarbeit keine Dokumentation, wie eine Anwendung für den Blackberry entwickelt werden sollte. Aufgrund der Umfangsbeschränkung kann in dieser Hausarbeit nur grundlegend auf die Themenbereiche eingegangen werden Die zu entwickelnde Beispielapplikation ist als Programmierübung zu betrachten und erhebt nicht den Anspruch einer vollständig getesteten und dokumentierten Vollversion. Der erstelle Quellcode wird im Anhang aufgeführt.

2 Research in Motion

Die Firma Research in Motion wurde 1984 von Mike Lazaridis in Waterloo, Ontario in Kanada gegründet. RIM ist einer der führenden Anbieter von Lösungen zur drahtlosen Kommunikation. Neben der Herstellung von mobilen Endgeräten mit einer eigenen Software bietet RIM weitere Services an.

3 BlackBerry Endgeräte

3.1 BlackBerry Pearl (81er Serie)

Abbildung 1 BlackBerry Pearl[1]

Das BlackBerry Pearl richtet sich als Teil der Prosumer Serie in erster Linie an Nutzer des BlackBerry Internet Service. Es kam im Herbst 2006 auf den Markt. Im Gegensatz zu anderen BlackBerry Geräten verfügt das Pearl nicht über eine vollständige QWERTZ-Tastatur, sondern über eine sogenannte „komprimierte Tastatur", bei der die Tasten mehrfach belegt sind. RIM bietet in diesem Zusammenhang das sogenannte *SureType* an. Dies soll eine schnelle und präzise Texteingabe ermöglichen, indem das Tippverhalten des Benutzers gespeichert, und so benutzerspezifische Wortlisten generiert werden können. Außerdem können Wortlisten nachgeladen werden und es gibt intelligente Suchmechanismen, z.B. die Namenssuche im Adressbuch.

Das Pearl verfügt über die typischen BlackBerry Features. Fehlten in der ersten Generation noch GPS sowie WLAN und 3G Unterstützung, so bietet das Pearl diese Funktionalitäten in der aktuellen Produktversion 8130 an. Der interne Speicher ist mit 64 MB eher klein, kann aber durch Micro SD Karten erweitert werden, um die Multimediafunktionen des Pearl, wie z.B. Kamera oder Medienwiedergabe, besser nutzen zu können[2].

---

[1] Entnommen von RIM (2009 a)
[2] Vgl. Blackberry.de (2009 a)

3.2 BlackBerry Bold (9er Serie)

Das BlackBerry Bold ist ein Enterprise Gerät mit einer kompletten Tastatur, und daher geeignet, längere Texte zu tippen. Es kam 2007 auf den Markt. Für die im November 2009 erschienene 9700er Version des Bold wurde der BlackBerry-typische Trackball durch ein berührungssensitives Trackpad ersetzt. Das Bold verfügt über ein hochauflösendes Display, welches aber im Gegensatz zu Geräten der Konkurrenz nicht auf Berührungen reagiert.

Abbildung 2 Blackberry Bold[3]   Das 9700 ist mit der neuen Betriebssystemversion Black-

Berry OS 5.0 ausgestattet. Außerdem soll es über verbesserte Browsing Funktionalitäten verfügen, wie z.B. Integration von JavaScript und Tabbed Browsing. Weiterhin verspricht der Hersteller eine Akkulaufzeit von bis zu 21 Tagen bei GSM und 17 Tagen bei UMTS Netzen, sowie eine verbesserte Multimedia Funktion. Weitere Ausstattungsmerkmale sind 3G, GPS und WiFi[4].

3.3 BlackBerry Storm (95er Serie)

Das im Herbst 2008 erschienene BlackBerry Storm ist das erste BlackBerry mit Touchscreen.

RIM verzichtete damit auch auf die charakteristische BlackBerry Tastatur. Es wurde jedoch nicht ein einfacher Touchscreen im Storm verbaut, sondern mit der *SurePress* Technologie ein berührungsempfindlicher Touchscreen vorgestellt, der bei der Eingabe einen spürbaren Widerstand bietet, um so das Schreiben von Texten auf einer virtuellen

Abbildung 3 BlackBerry Storm[5]   Tastatur zu vereinfachen. Dabei können verschiedene Tasta-

turen, wie eine komplette QWERTZ oder auch die verkürzte *SureType* Tastatur eingeblendet werden. Weiterhin verfügt das Storm über einen Lagesensor, der die Neigung des Gerätes erkennt, damit die Bildschirmanzeige automatisch angepasst werden kann. Auch die anderen Ausstattungsmerkmale eines modernen Smartphones wie WiFi und UMTS-Unterstützung, ein

---

[3] Emtmommen von RIM (2009 b)
[4] Vgl. Blackberry.de (2009 b)
[5] Entnommen von RIM (2009 c)

GPS Modul und eine 3.2 MP Kamera sind im Storm vorhanden. Das Storm bietet darüber hinaus eine gute Unterstützung für Multimediadaten wie Musik oder Video[6].

3.4 BlackBerry OS

Auf den Blackberry Geräten läuft ein von RIM entwickeltes, proprietäres Betriebssystem. Es zeichnet sich durch seine mult-threading Fähigkeiten aus. Für die Entwicklung mobiler Applikationen stellt das Betriebssystem eine Java API bereit[7]. Im Gegensatz zu andern Plattformen, wie z.B. Android, ist das BlackBerry OS durch den Hersteller kaum dokumentiert.

3.5 Abschließende Bewertung der BlackBerry Gerätetypen in Bezug auf die Entwicklung mobiler Applikationen.

Die von RIM angebotenen Gerätetypen haben für den Benutzer den Vorteil, dass er ein Gerät anschaffen kann, welches am besten seine individuellen Bedürfnisse angepasst ist. In Hinblick auf die Entwicklung bringt dies jedoch einige Nachteile mit sich. Der Entwickler muss sich darüber Gedanken machen, auf welchen Geräten die Applikation laufen soll. Probleme ergeben sich gerade in Bezug auf die verschiedenen Eingabemöglichkeiten wie TrackBall bzw. Trackpad, Touchscreen oder die verkürzte gegenüber der vollständigen Tastatur. Im ungünstigsten Fall muss der Entwickler seinen Code für alle Gerätetypen anpassen.

4   BlackBerry Dienste und Funktionen

4.1 Email

Die Firma RIM gilt als Wegbereiter der sogenannten Push Email. Nach dem Push Ansatz werden Informationen an den Nutzer übermittelt, sobald diese verändert wurden. Im Gegensatz dazu steht der Pull Ansatz, bei dem der Benutzer aktiv eine Aktualisierung anfragt[8]. Bezogen auf die Email Nutzung bedeutet dies, dass der Nutzer über neue Nachrichten aktiv informiert wird, wie er es z.B. von der Nutzung des SMS Dienstes auf seinem Mobiltelefon gewohnt ist.

Je nachdem welche BlackBerry Infrastruktur verwendet wird, ist es möglich webbasierte Emailkonten von Anbietern wie z.B. Yahoo oder Google einzubinden. Bei der Enterprise Variante können der Microsoft Exchange, Lotus Domino oder der Novell Groupwise Server ein-

---

[6] Vgl. Blackberry.de (2009 c)
[7] Vgl Hu(2008)
[8] Vgl. Pousttchi et. al (2004) Seite 85

gebunden, und Email Konten abgerufen werden. Bei dieser Variante stehen auch weitere Serverfunktionen wie z.b. das auf dem Server gespeicherte Adressbuch zur Verfügung[9].

4.2 Mobile Kalenderfunktion

Eine weitere BlackBerry Funktion ist der mobile Kalender. Die Synchronisierung funktioniert dabei „over the air", also drahtlos, ohne die Notwendigkeit, den Kalender via USB zu synchronisieren. Dies ermöglicht es z.b. einen Termin am mobilen Endgerät einzutragen, der dann in der Groupware sofort sichtbar wird. Außerdem ist das Annehmen und Ablehnen von Terminanfragen möglich[10].

4.3 PIM und weitere Funktionen

Aufgrund der Integration des BlackBerry Enterprise Servers in die bestehende IT-Landschaft, ist es möglich, verschiedene Datenquellen, wie z.B. das unternehmensinterne Adressbuch oder Gruppen- und Teamkalender zu verwenden.

Mit seinen neuen Geräten möchte BlackBerry das Angebot für Endkunden attraktiver machen, indem z.B. die Multimediaeigenschaften verbessert, oder der Zugriff auf Social Networks wie beispielsweise facebook oder myspace erleichtert werden.

---

[9] Vgl. Blackberry.de (2009 d)
[10] Vgl. Blackberry.de (2009 e)

5   Architektur der BlackBerry Landschaft

5.1   *BlackBerry Enterprise Solution*

Die BlackBerry Enterprise Solution ist die typische Lösung im Unternehmensumfeld.

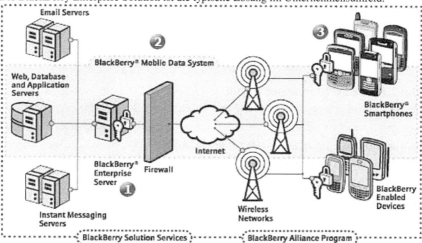

Abbildung 4 BlackBerry Enterprise[11]

Diese Lösung besteht in der Regel aus mehreren Komponenten, von denen einige Optional sind.

1 BlackBerry Enterprise Server

Dieser bildet das Herzstück der BlackBerry Enterprise Landschaft. Er ist die Basis für die Integration der eingesetzten Groupware Lösung. Unterstützt werden Lotus Notes Domino, Microsoft Exchange und Novell Group Wise. Der BlackBerry Server stellt eine Administrationsoberfläche zur Verfügung, um die notwendigen Konfigurationen bis auf Geräteebene vorzunehmen. Hier liegt eine der Stärken des BlackBerry, da die Konfiguration sehr feingliedrig ist, und sich gezielt Funktionen, wie z.B. eine Tastensperre per Policy, auf allen Endgeräten ein und ausschalten lassen.

2 BlackBerry Mobile Data System

Neben den Groupware Funktionen können weitere Inhalte aus unternehmensinternen Applikationen auf dem BlackBerry Endgerät bereitgestellt werden. Dabei wird die gleiche Push-

---

[11] Entnommen aus BlackBerry.com(2009 e)

Technologie wie beim Email-Versand eingesetzt. Ein denkbares Szenario wäre, dass ein be-
stimmter User benachrichtigt wird, wenn Bestellungen im unternehmenseigenem ERP System
durch ihn genehmigt werden müssen.

3 BlackBerry Smartphones und BlackBerry Enabled Devices
Neben den bereits beschriebenen BlackBerry Endgeräten können auch Endgeräte anderer
Herstellte verwendet werden, um die BlackBerry Funktionen zu Nutzen.[12]

5.2 BlackBerry Internet Service

Der BlackBerry Internet Service ermöglicht es, BlackBerry Dienste ohne einen BlackBerry
Enterprise Server zu verwenden. Dies funktioniert zum einen mit BlackBerry Endgeräten,
zum anderen mit Endgeräten von Drittherstellern, wie z.b. HTC, Nokia oder Sony Ericsson.
Dazu muss eine Zusatzsoftware installiert werden, bei einigen Geräten ist diese Zusatzsoftware jedoch schon eingebaut.

Es können normale Webmail Postfächer wie von Google Mail oder Yahoo verwendet werden.
In Deutschland bieten die großen Mobilfunknetzbetreiber diesen Dienst an. Die Administrati-
on erfolgt dabei über eine Weboberfläche. Technisch ist der BlackBerry Internet Service so
aufgebaut, dass eine Engine von BlackBerry die administrierten Postfächer überprüft, und bei
neuen Nachrichten diese an die User weiterleitet. Der Hersteller gibt ein Polling Intervall von
ca. 15 Minuten an.

5.3 BlackBerry Architekturen in Bezug auf die Entwicklung mobiler Applikationen

Hinsichtlich der Entwicklung mobiler Applikationen im Unternehmensumfeld bietet die Enterprise Server Architektur einige Möglichkeiten. So können Inhalte aus den Applikationssys-
temen auf dem BlackBerry bereitgestellt werden. Solche Applikationssysteme könnten z.B.
ERP oder CRM Applikationen sein. Auch Abfragen auf unternehmensinterne Datenbanken
unter Verwendung eigens entwickelter Frontends für mobile Geräte wären denkbar. Außerdem können Web Services verwendet werden, welche von vielen Applikationen bereitgestellt
werden. RIM wird jedoch das Mobile Data System ab Mitte 2010 nicht mehr supporten, sondern möchte in Zukunft nur noch zwischen Web- und Javaentwicklung unterscheiden[13.] Für
Entwickler bedeutet dies, dass sie sich mit neuen Tools und neuen Konzepten auseinandersetz-
zen müssen. Außerdem können bereits bestehende Applikationen in Hinblick auf den fehlen-

---

[12] Vgl. Blackberry.com (2009 a)
[13] Vgl. heise.de (2009)

den Support durch den Hersteller unter Umständen nicht mehr weiterentwickelt werden, sondern müssen auf die neue Technologie portiert werden.

Für die User der BlackBerry Internet Solution könnten andere Applikationen interessant sein, wie z.b. die Integration von Webdiensten mit PIM Daten, also z.b. die Anzeige der Adressdaten einer gespeicherten Kontaktperson auf einer Google Maps Karte.

6   BlackBerry Entwicklung

6.1   BlackBerry Developer Zone

Die Developer Zone (http://na.blackberry.com/eng/developers/) ist die zentrale Plattform für Entwickler. Auf dieser Seite werden Dokumentationen und Tutorien bereitgestellt. Mittels einer Suchfunktion kann der Bestand an Dokumenten zu verschiedenen Themenbereichen durchsucht werden. Die einzelnen Dokumente werden zum großen Teil als PDF zum Download angeboten. Tutorien im Video Format runden das Angebot ab.

Außerdem können Entwickler in der Developer Zone, nach erfolgter Registrierung, die Entwicklungswerkzeuge kostenlos herunterladen. Ein Blog informiert über Neuerungen und Events. Darüber hinaus bietet ein Forum eine Möglichkeit des Austausches für Entwickler untereinander.

6.2   Entwicklerwerkzeuge

RIM stellt eine Vielzahl von Werkzeugen für die Entwicklung im BlackBerry Umfeld bereit. Diese umfassen nicht nur Tools zur Entwicklung mobiler Applikationen. Auch Tools für das Theming von BlackBerry Endgeräten werden bereitgestellt. Um den Entwickler zu unterstützen werden Simulatoren für die BlackBerry Endgeräte als Software angeboten.

Der Entwickler kann dabei unterschiedliche Ansätze bei der Entwicklung von Applikationen für das BlackBerry verfolgen. Zum einen den Web Development Ansatz, der sich an Einsteiger richtet, und zum anderen der Java Development Ansatz, für erfahrene Programmierer mit tiefgreifenden Kenntnissen im BlackBerry und Java Umfeld.

6.2.1   BlackBerry Web Development

Der Web Development Ansatz richtet sich an Entwickler die bereits Erfahrung mit der Web-Anwendungsentwicklung haben. Ziel ist die Erzeugung von browsergestützten Applikationen. BlackBerry stellt hierzu ein Plugin bereit, und zwar für die Eclipse Plattform von IBM oder für die Visual Studio Plattform von Microsoft. Da es sich bei Eclipse um Open Source handelt, besteht die Möglichkeit neben dem Plugin ein vorgefertigtes Bundle herunterzuladen. BlackBerry setzt für sein Web Development auf etablierte Technologien wie CSS, HTML und Javascript[14]. Dabei unterscheiden sich die Versionen der unterstützten Technologie je nach installierten BlackBerry Browser[15]. Dies stellt wiederum ein Hindernis für den Entwickler dar, weil er verschiedene Versionen des Browsers berücksichtigen muss.

Der Web Development Ansatz setzt natürlich auch eine entsprechende Serverlandschaft zu Veröffentlichung von Webseiten voraus. Als Beispiel sei in diesem Zusammenhang die Apache Tomcat Servlet Engine erwähnt. Ein integrierter Webserver stellt dabei statische [16] Webseiten bereit. Darüber hinaus bietet sie eine Laufzeitumgebung für Java Anwendungen auf einem Server[17], zum Beispiel als JSP[18].

Natürlich bringt das Web Development die Vor- und Nachteile des Client Server Paradigmas mit sich. Der Vorteil beispielsweise, dass der Client weniger Leistung benötigt, setzt voraus, dass der Client eine ständige Verbindung zum Server hat. Zwar kann der BlackBerry Browser Javascript ausführen, wodurch dieses Konzept etwas verwässert wird, jedoch wird die Logik auf dem Applikationsserver implementiert. Der Einsatz von Javascript [19]eignet sich um auf die Internen Systemressourcen wie z.B. das GPS Modul des BlackBerry zuzugreifen.

Bei der Entwicklung der mobilen Applikation muss also beachtet werden, ob immer eine Netzverbindung zur Verfügung steht, damit die Applikation ausgeführt werden kann. Dies muss im Einzelfall nach Bewertung der Anforderungen an die Applikation entschieden werden.

6.2.2   BlackBerry Java Development

Der Java Development Ansatz ist für erfahrene Java Entwickler konzipiert. Mit diesem Ansatz können komplexe Applikationen für das BlackBerry entwickelt werden. Dabei kann der Programmierer auf die gesamte BlackBerry API zurückgreifen. Dadurch ist es möglich einen RichClient für die BlackBerry Plattform zu entwickeln. Im Allgemeinen versteht man unter einem Rich Client einen Client, der eine eigene Programmlogik enthält, und außerdem die gesamte Funktionalität, beziehungsweise zumindest Teile einer Anwendung abdeckt[20].

---

[14] Vgl BlackBerry.com (2009 b)
[15] Vgl. Anhang 2.1 BlackBerry Browser
[16] Vgl. Anhang 1.1.1 Statische HTML Seite
[17] Vgl. Moczar (2005) Seite 29
[18] Vgl. Anhang 1.1.2 Dynamische Seite mit Java Server Page
[19] Vgl. Anhang 1.1.3 HTM Seite mit Javascript zum Auslesen der derzeitigen Geo-Koordinaten
[20] Vgl Badertscher et. al (2007) Seite 46

Grundlage des BlackBerry Java Development bildet dabei die Java Platform Micro Edition (J2ME) von Sun. Diese ist eine Version der Java Laufzeitumgebung für Applikationen speziell für sogenannte Embedded Devices und Smartphones. J2ME Technologie stützt sich dabei auf die Implementierung von Benutzeroberflächen, Bereitstellung von Bibliotheken und Profilen für mobile Geräte[21].

Die Mittels des BlackBerry Java Development Ansatz entwickelten Applikationen können über eine individuell gestaltete Oberfläche verfügen und auf die lokalen Ressourcen, wie z.B. Speichermedien, und Funktionen des mobilen Gerätes zurückgreifen. Außerdem können Sicherheits-Features, wie beispielsweise eine Verschlüsselung der gespeicherten Daten, implementiert werden[22].

Als Werkzeuge stellt BlackBerry dem Entwickler wiederum ein Eclipse Plugin bereit. Dieses kann einzeln, oder in Form eines Bundles, nach erfolgter Registrierung verwendet werden. Weiterhin bietet BlackBerry eine eigene Integrated Development Enviroment (DIE) zur Entwicklung von Applikationen an. Die Java BlackBerry Java Application Development 5.0 Beta 5 IDE (JDE) ist optisch an Eclipse angelehnt, verfügt aber nicht über den vollständigen Funktionsumfang wie IBMs IDE.

Bei Verwendung der JDE entfällt der aufwendige Konfigurationsprozess wie unter Eclipse, die Entwicklung funktioniert out-of-the-box. Außerdem werden ein Simulator und zahlreiche Beispielapplikationen mit installiert. Daher eignet sich die JDE für Einsteiger und wurde auch zur Erstellung einer Demo Applikation im Rahmen dieser Arbeit verwendet. Ein Debugger erleichtert die Fehlersuche, indem der Inhalt von Variablen inspiziert und das Programm schrittweise ausgeführt werden kann.

6.2.3   BlackBerry Device Simulator

Der BlackBerry Device Simulator ist bei der Entwicklung von Applikationen für die BlackBerry Platform ein unverzichtbares Werkzeug. Auf dem Simulator lassen sich die Anwendungen auf Ihre Funktionsfähigkeit hin überprüfen. Dabei sind die Simulatoren vom Design und der Funktionalität her virtuelle Abbilder der realen BlackBerry Smartphones. So lässt sich z.B. die Touchsteuerung des BlackBerry Storm mittels der Maus nachahmen, oder die Trackballsteuerung mittels der Keyboard-Pfeiltasten siumulieren. Weiterhin lassen sich Parameter, wie z.B. die GPS Koordinaten oder die Akku-Kapazität beeinflussen. Es können parallel mehrere Simulatoren installiert werden, um so das Verhalten der erstellten Applikation

---

[21] Vgl. sun.com(2009)
[22] Vgl BlackBerry.com (2009 c)

auf den verschiedenen Gerätetypen zu testen. Darüber hinaus können für die Gerätetypen verschiedene Versionen des BlackBerry Betriebssystems getestet werden.

7 Entwicklung einer Beispiel App

7.1 Applikationsbeschreibung und eingesetzte Mittel

Im Rahmen dieser Hausarbeit wurde eine Applikation entwickelt. Das Programm soll eine Übersicht über die anstehenden Prüfungen an der FOM geben. Dazu werden die Prüfungstermine und Art der Prüfung eingetragen. In einer Listenansicht werden die verbleibenden Tage bis zur Prüfung angezeigt.

Als Entwicklungsansatz wird der Java Development Ansatz gewählt, da Termine auf dem Gerät gespeichert seien sollen. Wie bereits erwähnt, wurde als Entwicklungsumgebung das JDE ausgewählt, da ein Simulator mitgeliefert wird und die IDE out-of-thebox funktioniert. Die Applikation wurde auf Grundlage des BlackBerry Storm und BlackBerry OS Version 5.0 entwickelt. Als Vorlage für die Applikation diente die BlackBerry Demo Application PersistentStoreDemo[23], welche im Umfang der BlackBerry JDE enthalten ist. Diese wurde entsprechend angepasst und erweitert. Die Entwickelte Anwendung trägt den Namen Pruefungscountdown.

7.2 Implementierung

Die Applikation wurde als Paket mit 6 Klassen entwickelt, die im Folgenden kurz beschrieben werden.

- *Klasse Pruefung*[24]

In dieser Klasse werden die Datenstruktur einer Prüfung und die Methoden für den Zugriff auf diese Datenstruktur festgelegt.

---

[23] Vgl Anhang 1.2 Quellcode der Sample Application PersistentStoreDemo
[24] Vgl Anhang 1.3.1 Pruefung.Java

- *Klasse PruefungScreen*[25]

In dieser Klasse wird die Darstellung einer Prüfung als Bildschirmlayout festgelegt. Dazu werden Feldbezeichnungen und Feldtypen, sowie Labels festgelegt. Für den Pruefungscountdown werden Textfelder für Bezeichnung und Beschreibung, ein Dropdownfeld für die Art der Prüfung und ein Datumsfeld für den Termin verwendet. Weiterhin wird eine Methode zum speichern der Prüfung implementiert und ein entsprechender Menüeintrag erzeugt.

- *Klasse PruefungCountDown*[26]

Diese Klasse implementiert das persistente Speichern der Prüfungen. Außerdem wird hier die Methode, wie die Listendarstellung erfolgt, implementiert. Ferner wird die Differenz der Tage zwischen dem Tagesdatum und dem Prüfungsdatum berechnet.

- *Klasse PruefungCountDownScreen*[27]

Diese Klasse sorgt für die Listenanzeige der Prüfungen. Außerdem werden Menüeinträge zum Anlegen, Anzeigen, Ändern und Löschen von Prüfungen angelegt und die entsprechenden Methoden hinterlegt.

- *Klasse ListCallback*

Eine allgemeine Klasse für Rückruffunktionen, die durch die Klasse PruefCountDown teilweise implementiert werden.[28]

- *Klasse PruefComperator*[29]

Diese Klasse implementiert einen Java Comperator und vergleicht 2 Daten, damit die richtige chronologische Reihenfolge der Prüfungen dargestellt werden kann.

---

[25] Vgl Anhang 1.3.2 PruefungScreen.Java
[26] Vgl Anhang 1.3.3 PruefungCountDown.Java
[27] Vgl Anhang 1.3.4 PruefungCountDownScreem.Java
[28] Vgl Anhang 1.3.5 ListCallBack.Java
[29] Vgl Anhang 1.3.6 Comperator.Java

7.3 Die Applikation Pruefungen Count Down

Die Applikation wird im Simulator wie folgt angezeigt:

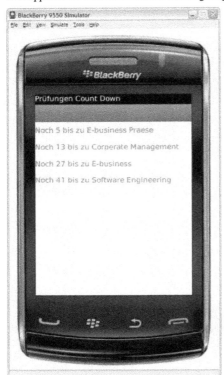 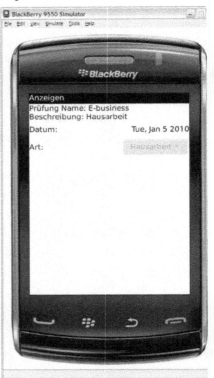

Abbildung 5 Pruefungen Count Down Screen   **Abbildung 6 Pruefungen Screen**

Die App erfüllt die Anforderungen, wie bereits beschrieben. Es lassen sich Prüfungen anlegen, die dann in einer Listenansicht angezeigt werden. Über das BlackBerry Menü kann aus der Listenansicht wiederum ein Termin angezeigt, bearbeitet oder gelöscht werden. Für die Detailansicht wurden die entsprechenden Controls, also ein Dropdown-Feld und eine Date Slider erzeugt. Die Prüfungen werden im persistenten Speicher hinterlegt, und sind auch nach einem Programmneustart, bzw. Neustart des Gerätes abrufbar.

8 BlackBerry App World

Die BlackBerry App World ist eine Plattform, auf der mobile Applikationen auf das Black-Berry Gerät geladen werden können. Die Plattform wurde im Jahr 2009 gestartet. Seitdem werden dort kostenlose und kostenpflichtige Applikationen verschiedener Kategorien angeboten. Der Zugang kann auf zweierlei Arten erfolgen. Entweder wird auf dem BlackBerry eine Applikation installiert um den Zugang zu ermöglichen, oder man wählt eine Applikation auf dem PC aus und es wird eine Email mit einem Download Link an eine Mailadresse geschickt. Öffnet man die Mail auf dem Gerät, kann die Applikation heruntergeladen und installiert [30] werden. Anfang Januar 2010 waren ca. 3800 [31] Applikationen verfügbar. Die meisten Applikationen befanden sich in der Kategorie Spiele, der Rest verteilt sich auf 17 weitere Kategorien.

Entwickler haben die Möglichkeit, ihre Programme in der App World zu veröffentlichen. Dabei können Programme, die nach dem Web Development Ansatz erstellt werden ebenso veröffentlicht werden wie nach dem Java Development Ansatz geschriebene Applikationen. Für Web Programme wird mittels eines Wrappers eine Klasse erstellt, die ein Icon und ein Link auf die Webanwendung enthält.

Damit die Anwendung veröffentlicht werden kann, müssen unter anderem beschreibende Texte, ein Icon und die unterstützten OS Versionen und Geräte, sowie der Preis mit bekannt gegeben werden.

Die Preise sind dabei gestaffelt und beginnen bei $ 2.99. Vom Verkaufserlös erhält der Entwickler 80 %, 20 % gehen an RIM: Die einzige Methode zur Bezahlung der Apps ist PayPal. Durch Promotion Aktionen, wie die Auslobung von Preisgeldern, oder die Verteilung kostenloser Geräte versucht RIM, Entwickler für sich zu gewinnen.

Im Vergleich zu Apples Appstore mit ca. 100.00 Applikationen [32] und mehr als 2 Milliarden[33] Downloads steht RIM hier sicherlich erst am Anfang.

9 Fazit

Das BlackBerry ist eine Plattform die sich gut für die Entwicklung mobiler Applikationen eignet. Die Geräte sind weit verbreitet, und durch die Einführung der App World haben Entwickler einen Anreiz, Applikationen zu entwickeln und zu veröffentlichen. Hinzu kommt, dass die Entwicklungswerkzeuge kostenlos zur Verfügung stehen, und es viele Tutorials und Dokumentationen gibt. Jedoch sollte der Entwickler über tiefgreifendes Know-How in der Java Entwicklung verfügen, was während der Entwicklung der Beispielapplikation besonders deutlich wurde. Zwar lässt der Java Ansatz dem Entwickler viele Freiheiten, Einsteiger wer-

---

[30] Chip Online (2010)
[31] Vgl. BlackBerry Appworld(2010)
[32] Apple.com (2010 a)
[33] Apple.com (2010 b)

den jedoch abgeschreckt, gerade in Bezug auf die Erstellung von Oberflächen für das Black-Berry. RIM könnte hier Abhilfe schaffen, indem z.b. ein GUI Editor angeboten wird, mit dem Oberflächen grafisch designt werden können, anstatt Felder und deren Eigenschaften mühe-voll im Quellcode festlegen zu müssen.

Im Unernehmensumfeld können durch die Verwendung des Web Development Ansatzes be-stehende Web Anwendungen für den mobilen Einsatz aufbereitet werden. Dadurch kann das Problem der Implementierung für verschiedene Gerätetypen umgangen werden. Die Proble-matik der unterschiedlichen Betriebssystemversionen und damit auch der Fähigkeiten des BlackBerry Browsers bleibt jedoch bestehen.

Softwarehersteller von Unternehmensapplikationen könnten für ihre Kunden einen Mehrwert generieren, indem sie Apps für die Integration mit ihren Anwendungen anbieten.

Abschließend lässt sich sagen, dass RIM mit der App World einen wichtigen Schritt in Rich-tung Endkonsumenten gemacht hat, indem das BlackBerry Endgerät durch den Zusatznutzen von Apps aufgewertet werden kann.

Literaturverzeichnis

Abts et. al (2008)

Abts, Dietmar, Mülder, Willhelm, Grundkurs Wirtschaftsinformatik: Eine kompakte und praxisorientierte Einführung, 6. Auflage, Vieweg+Teubner ,Wiesbaden 2008

Apple.com(2010 a), Apple Announces Over 100,000 Apps Now Available on the App Store, http://www.apple.com/pr/library/2009/11/04appstore.html, abgerufen am 02.01.2010

Apple.com(2010 b), Apple Announces Over 100,000 Apps Now Available on the App Store, http://www.apple.com/pr/library/2009/11/04appstore.html, abgerufen am 02.01.2010

Badertscher et. al (2007)

Badertscher, Kurt, Scheuring, Johannes, Wirtschaftsinformatik: Entwicklung und Implementation eines Informations- und Kommunikationssystems, 1. Auflage, Compendio Bildungsmedien; Zürich 2007

Blackberry.de (2009 a), Pearl Features, http://de.blackberry.com/devices/blackberrypearl8100/pearl_features.jsp, abgerufen am 30.11.2009

Blackberry.de (2009 b), Bold 9700 Smartphone Funktionen, http://de.blackberry.com/devices/blackberrybold9700/bold_features.jsp, abgerufen am 30.11.2009

Blackberry.de (2009 c), BlackBerry Storm, http://de.blackberry.com/devices/blackberrystorm/storm_features.jsp, abgerufen am 01.12.2009

Blackberry.de (2009 d), Email & Textmessaging, http://de.blackberry.com/devices/features/email.jsp, abgerufen am 02.12.2009

Blackberry.de (2009 e), Email & Textmessaging, http://de.blackberry.com/devices/features/email.jsp, abgerufen am 02.12.2009

BlackBerry.com (2009 a), BlackBerry Enterprise Solution Architecture,
http://na.blackberry.com/eng/ataglance/solutions/architecture.jsp, abgerufen am 09.12.2009

BlackBerry.com (2009 b), BlackBerry Web Development,
http://na.blackberry.com/eng/developers/browserdev/overview.jsp, abgerufen am 19.12.2009

BlackBerry.com (2009 c), BlackBerry Java Application Development Overview,
http://na.blackberry.com/eng/developers/javaappdev/overview.jsp , abgerufen am 30.12.2009

BlackBerry.com (2009 d), BlackBerry App World FAQ,
http://na.blackberry.com/eng/developers/appworld/faq.jsp, abgerufen am 02.01.2010.

BlackBerry.com (2009 e), BlackBerry Enterprise Solution Architecture
http://na.blackberry.com/ataglance/solutions/architecture_v4.jpg, abgerufen am 02.01.2010.

BlackBerry.com (2009 f), BlackBerry Browser Fundamentals
http://docs.blackberry.com/en/developers/deliverables/11844/index.jsp?name=Fundamentals+
Guide+-
+BlackBerry+Browser5.0&language=English&userType=21&category=BlackBerry+Browser
&subCategory=, abgerufen am 04.01.2010

BlackBerry Appworld(2010), Blackberry Appworld,
http://appworld.blackberry.com/webstore/category/0, abgerufen am 02.01.2010

Chip Online (2010) , Praxistest BlackBerry AppWorld,
http://www.chip.de/artikel/c_druckansicht_37681528.html, abgerufen am 02.01.2010

Heise.de (2009) RIM stellt BlackBerry MDS ein,
http://www.heise.de/newsticker/meldung/RIM-stellt-Blackberry-MDS-ein-750837.html
abgerufen am 09.12.2009

Hu (2008)
Hu, Wen-Chen

Internet-Enabled Handheld Devices, Computing, and Programming: Mobile Commerce and Personal Data Applications1. Auflage, Information Science Reference Hershey, USA (2008)

Moczar (2005)
Moczar, Lajos
Tomcat 5. Einsatz in Unternehmensanwendungen mit JSP und Servlets
1. Auflage, Addison-Wesley, München (2005)

RIM (2009 a), Blackberry Pearl,

http://www.rim.com/news/kit/media/images/product/8130_amethyst_GEN_frontnoshadow.jpg, abgerufen am 30.11.2009

RIM (2009 b), Blackberry Pearl,

http://www.rim.com/news/kit/media/images/product/8130_amethyst_GEN_frontnoshadow.jpg, abgerufen am 30.11.2009

RIM (2009 c), Blackberry Bold,

http://www.rim.com/news/kit/media/images/product/9700_Rogers_FrontNoShadow.jpg, abgerufen am 30.11.2009

RIM (2009 b), Blackberry Storm,

http://www.rim.com/news/kit/media/images/product/storm_verizon_front.jpg, abgerufen am 30.11.2009

sun.com (2009) Java2ME Technology

http://java.sun.com/javame/index.jsp

abgerufen am 30.12.2009

Pousttchi et. al (2004)

Turowski, Klaus;Pousttchi,Key: Mobile Commerce: Grundlagen und Techniken, 1. Auflage, Springer, Berlin 2004

Anhang

1. Quellcode

1.1 Quellcode für das BlackBerry Web Development

1.1.1 Statische HTML Seite

Diese Seite zeigt einen Text als Statischen Inhalt an:

```
<head>
<title>Hello World</title>
</head>
<body>
Hello World
</body>
```

Das Ergebnis wird auf dem BlackBerry wie folgt angezeigt:

1.1.2 Dynamische Seite mit Java Server Pages

```
<?xml version="1.0" encoding="UTF-8" ?>
<%@ page language="java" import="java.util.*,java.text.*" content-
Type="text/html; charset=UTF-8"
    pageEncoding="UTF-8"%>
<%!
    DateFormat df;
    String datum = "";
    Date d;
%>
<%
        d = new Date();
        df = DateFormat.getDateInstance(DateFormat.MEDIUM);
        datum = df.format(d);
%>
<head>
<title>Hello World JSP</title>
</head>
<body>
    <h1>Hello World from a JSP!</h1><br />
    Today is the <%= datum %>
</body>
</xml>
```

Das Ergebnis wird auf dem BlackBerry wie folgt angezeigt:

1.1.3 HTM Seite mit Javascript zum Auslesen der derzeitigen Geo-Koordinaten

```
<html>
<body>
<script language="Javascript">

function getLocation() {
    window.alert("Die Koordinate ist " + blackberry.location.latitude +
" Grad Breite und " + blackberry.location.longitude + " Grad Länge.");
    }
if(blackberry.location.GPSSupported) {
    blackberry.location.setAidMode(2);//Die Art, wie die
    //Koordinaten ermittelt werden sollen. 2 = Interner GPS Chip
    blackberry.location.refreshLocation();
    blackberry.location.onLocationUpdate(getLocation);
}
else
{
  document.write("Die Blackberry Location API wird von diesem Gerät
nicht unterstüzt");
}

</script>
</body>
</html>
```

Das Ergebnis wird auf dem BlackBerry wie folgt angezeigt:

1.2   Quellcode der Sample Application PersistentStoreDemo

1.2.1 Meeting.Java

```java
/*
 * Meeting.java
 *
 * Copyright © 1998-2009 Research In Motion Ltd.
 *
 * Note: For the sake of simplicity, this sample application may not lever-
age
 * resource bundles and resource strings.  However, it is STRONGLY recom-
mended
 * that application developers make use of the localization features avail-
able
 * within the BlackBerry development platform to ensure a seamless applica-
tion
 * experience across a variety of languages and geographies.  For more in-
formation
 * on localizing your application, please refer to the BlackBerry Java De-
velopment
 * Environment Development Guide associated with this release.
 */

package com.rim.samples.device.persistentstoredemo;

import net.rim.device.api.system.*;
import net.rim.device.api.util.*;
import java.util.*;

/**
 * This class represents a persistable meeting object.  It contains infor-
mation
 * such as the name of the meeting, a description, date and time as well as
 * names of those who were in attendance.  This information is encoded and
 * stored in a pair of Vectors, _fields and _attendees. Classes to be per-
sisted
 * must implement interface Persistable and can only can contain members
which
 * themselves implement Persistable or are inherently persistable.
 */

public final class Meeting implements Persistable
{
    static final int MEETING_NAME = 0;
    static final int DESC = 1;
    static final int DATE = 2;
    static final int TIME = 3;
    static final int NOTES = 4;

    // Change this value if any fields are added to or removed from this
class.
    private static final int NUM_FIELDS = 5;

    private Vector _fields;
    private Vector _attendees;

    // Primitive data types can be persisted.  The following class members
are
    // included for demonstration purposes only, they have no functional
use in
    // this class.
```

```java
    private int demoInt;
    private boolean demoBool;
    private byte demoByte;
    private short demoShort;
    private long demoLong;
    private float demoFloat;
    private double demoDouble;
    private char demoChar;

    // Constructor
    public Meeting()
    {
        _attendees = new Vector();
        _fields = new Vector(NUM_FIELDS);
        for (int i = 0; i < NUM_FIELDS; ++i)
        {
            _fields.addElement("");
        }
    }

    /**
     * Retrieves an encoded object and returns it as a plaintext string.
     * @param id The ID of the field from which the encoding should be re-
trieved.
     * @return The plaintext string.
     */
    String getField(int id)
    {
        Object encoding = _fields.elementAt(id);

        // Acquiring a reference to a ticket guarantees access to encrypted
data
        // even if the device locks during the decoding operation.
        Object ticket  = PersistentContent.getTicket();

        if(ticket != null)
        {
            return PersistentContent.decodeString(encoding);
        }
        else
        {
            return null;
        }
    }

    /**
     * Stores a string as an encoded object according to device content
     * protection/compression settings.
     * @param id The ID of the field where the encoding is to be stored.
     * @param value The plaintext string to be encoded and stored.
     */
    void setField(int id, String value)
    {
        Object encoding = PersistentContent.encode(value);
        _fields.setElementAt(encoding, id);
    }

    /**
     *  Method to encode string and add to attendees vector.
     * @param attendee String to be added to vector
     */
    void addAttendee(String attendee)
```

```java
    {
        Object encoding = PersistentContent.encode(attendee);
        _attendees.addElement(encoding);
    }

    /**
     * Returns a vector containing all attendees.
     * @return Vector of decoded strings
     */
    Vector getAttendees()
    {
        Object encoding;
        Vector decodedAttendees = new Vector();

        // Acquiring a reference to a ticket guarantees access to encrypted
data
        // even if the device locks during the decoding operation opera-
tion.
        Object ticket  = PersistentContent.getTicket();

        if(ticket != null)
        {
            for(int i = 0; i < _attendees.size(); i++)
            {
                decodedAtten-
dees.addElement(PersistentContent.decodeString(_attendees.elementAt(i)));
            }
        }
        return decodedAttendees;
    }

    /**
     * Forces a re-encoding of the information stored in this Meeting ob-
ject.
     */
    void reEncode()
    {
        // Acquiring a reference to a ticket guarantees access to encrypted
data
        // even if the device locks during the re-encoding operation.
        Object ticket  = PersistentContent.getTicket();

        if(ticket != null)
        {
            for (int i = 0; i < NUM_FIELDS; ++i)
            {
                Object encoding = _fields.elementAt(i);
                if(!PersistentContent.checkEncoding(encoding))
                {
                    encoding = PersistentContent.reEncode(encoding);
                    _fields.setElementAt(encoding, i);
                }
            }
        }
    }
}
```

1.2.2 MeetingScreen.Java

```
/*
 * MeetingScreen.java
```

```java
 * Copyright © 1998-2009 Research In Motion Ltd.
 *
 * Note: For the sake of simplicity, this sample application may not lever-
age
 * resource bundles and resource strings.  However, it is STRONGLY recom-
mended
 * that application developers make use of the localization features avail-
able
 * within the BlackBerry development platform to ensure a seamless applica-
tion
 * experience across a variety of languages and geographies.  For more in-
formation
 * on localizing your application, please refer to the BlackBerry Java De-
velopment
 * Environment Development Guide associated with this release.
 */

package com.rim.samples.device.persistentstoredemo;

import net.rim.device.api.ui.container.*;
import net.rim.device.api.ui.component.*;
import net.rim.device.api.system.*;
import net.rim.device.api.ui.*;
import java.util.*;

/**
 * This screen allows the user to update the meeting information stored in
an
 * associated Meeting object.
 */
public final class MeetingScreen extends MainScreen implements ListField-
Callback
{
    private EditField _nameField;
    private EditField _descField;
    private EditField _dateField;
    private EditField _timeField;
    private EditField _notesField;
    private PopupScreen _popUp;
    private EditField _addAttendeeField;
    private PersistentStoreDemo _uiApp;
    private ListField _attendeesList;
    private MeetingScreen _screen;
    private Meeting _meeting;
    private int _index;

    /**
     * Constructor
     * @param meeting The Meeting object associated with this screen.
     * @param index The position of the meeting in the list.  A value of -1
represents a new meeting.
     * @param editable Indicates whether the screens fields are editable.
     */
    public MeetingScreen(Meeting meeting, int index, boolean editable)
    {
        _meeting = meeting;
        _index = index;

        // We need references to our application and this screen.
        _uiApp = (PersistentStoreDemo)UiApplication.getUiApplication();
        _screen = this;
```

```java
        // Initialize UI components.
        _nameField = new EditField("Meeting Name:
",_meeting.getField(Meeting.MEETING_NAME));
        _descField = new EditField("Description:
",_meeting.getField(Meeting.DESC));
        _dateField = new EditField("Date:
",_meeting.getField(Meeting.DATE));
        _timeField = new EditField("Time:
",_meeting.getField(Meeting.TIME));
        _notesField = new EditField("Notes:
",_meeting.getField(Meeting.NOTES));
        add(_nameField);
        add(_descField);
        add(_dateField);
        add(_timeField);
        add(_notesField);


        // Customize screen based on our editable state.
        if(editable)
        {
            setTitle("Edit Screen");
            addMenuItem(saveItem);
            addMenuItem(addAttendeeItem);
        }
        else
        {
            setTitle(new LabelField("View Screen"));
            _nameField.setEditable(false);
            _descField.setEditable(false);
            _dateField.setEditable(false);
            _timeField.setEditable(false);
            _notesField.setEditable(false);
        }

        // Initialize the attendees list field.
        _attendeesList = new ListField();
        add(new RichTextField("Attendees:",Field.NON_FOCUSABLE));
        add(_attendeesList);


        // Set callback and update list of attendees.
        _attendeesList.setCallback(this);
        updateList();
    }

    /**
     * Method to refresh our attendees list field.
     */
    private void updateList()
    {
        _attendeesList.setSize(_meeting.getAttendees().size());
    }

    /**
     * Saves the current field contents in the associated Meeting object.
     * @see net.rim.device.api.ui.Screen#onSave()
     */
    protected boolean onSave()
    {
        if(!(_nameField.getText().equals("")))
```

```
        {
            _meeting.setField(Meeting.MEETING_NAME,_nameField.getText());
            _meeting.setField(Meeting.DESC,_descField.getText());
            _meeting.setField(Meeting.DATE,_dateField.getText());
            _meeting.setField(Meeting.TIME,_timeField.getText());
            _meeting.setField(Meeting.NOTES,_notesField.getText());
            _uiApp.saveMeeting(_meeting, _index);
            return super.onSave();
        }
        else
        {
            Dialog.alert("Meeting name required");
            return false;
        }
    }

    //Inner classes--------------------------------------------------------


    private MenuItem addAttendeeItem = new MenuItem("Add Attendee", 11000,
10)
    {
        /**
         * Display popup screen which allows user to enter the name
         * of an attendee.
         */
        public void run()
        {
            VerticalFieldManager vfm = new VerticalFieldManager();
            _popUp = new PopupScreen(vfm);
            _addAttendeeField = new EditField("Enter Name: ","");
            _popUp.add(_addAttendeeField);
            HorizontalFieldManager hfm = new HorizontalFieldMan-
ager(HorizontalFieldManager.FIELD_HCENTER);
            hfm.add(new AddButton());
            hfm.add(new CancelButton());
            _popUp.add(hfm);
            _uiApp.pushScreen(_popUp);
        }
    };

    private MenuItem saveItem = new MenuItem("Save", 11000, 11)
    {
        /**
         * Saves the meeting and closes this screen.
         */
        public void run()
        {
            if(onSave())
            {
                close();
            }
        }
    };

    /**
     * Represents Add button in Add Attendee pop up.  Adds attendee name to
     * the new Meeting object.
     */
    private final class AddButton extends ButtonField
    {
        // Constructor
```

```java
        public AddButton()
        {
            super("Add",ButtonField.CONSUME_CLICK);
        }

        /**
         * Overrides super.
         * @see net.rim.device.api.ui.Field#fieldChangeNotify(int)
         */
        protected void fieldChangeNotify(int context)
        {
            if ((context & FieldChangeListener.PROGRAMMATIC) == 0)
            {
                // Add attendee name and refresh list.
                _meeting.addAttendee(_addAttendeeField.getText());
                _screen.updateList();

                // If no other fields have been edited, we need to set the
                // screen's state to dirty so that a save dialog will be
                // displayed when the screen is closed.
                if(!_screen.isDirty())
                {
                    _screen.setDirty(true);
                }
                _popUp.close();
            }
        }
    }

    /**
     * Represents Cancel button in Add Attendee pop up.  Closes the pop up
screen.
     */
    private final class CancelButton extends ButtonField
    {
        // Constructor
        public CancelButton()
        {
            super("Cancel",ButtonField.CONSUME_CLICK);
        }

        /**
         * Overrides super.
         * @see net.rim.device.api.ui.Field#fieldChangeNotify(int)
         */
        protected void fieldChangeNotify(int context)
        {
            if ((context & FieldChangeListener.PROGRAMMATIC) == 0)
            {
                _popUp.close();
            }
        }
    }

    // ListFieldCallback methods --------------------------------------------
--------------------------------

    /**
     * @see
net.rim.device.api.ui.component.ListFieldCallback#drawListRow(ListField,Gra
phics,int,int,int)
     */
```

```java
    public void drawListRow(ListField list, Graphics graphics, int index,
int y, int w)
    {
        Vector attendees = _meeting.getAttendees();
        String text = (String)attendees.elementAt(index);
        graphics.drawText(text, 0, y, 0, w);
    }

    /**
     * @see net.rim.device.api.ui.component.ListFieldCallback#get(ListField
, int)
     */
    public Object get(ListField list, int index)
    {
        return null; // Not implemented
    }

    /**
     * @see
net.rim.device.api.ui.component.ListFieldCallback#indexOfList(ListField ,
String , int)
     */
    public int indexOfList(ListField list, String p, int s)
    {
        return 0; // Not implemented
    }

    /**
     * @see
net.rim.device.api.ui.component.ListFieldCallback#getPreferredWidth(ListFie
ld)
     */
    public int getPreferredWidth(ListField list)
    {
        return Display.getWidth();
    }
}
```

1.2.3 PesistentStoreDemo.Java

```java
/*
 * PersistentStoreDemo.java
 *
 * Copyright © 1998-2009 Research In Motion Ltd.
 *
 * Note: For the sake of simplicity, this sample application may not lever-
age
 * resource bundles and resource strings. However, it is STRONGLY recom-
mended
 * that application developers make use of the localization features avail-
able
 * within the BlackBerry development platform to ensure a seamless applica-
tion
 * experience across a variety of languages and geographies. For more in-
formation
 * on localizing your application, please refer to the BlackBerry Java De-
velopment
 * Environment Development Guide associated with this release.
 */

package com.rim.samples.device.persistentstoredemo;
```

```java
import java.util.*;
import net.rim.device.api.system.*;
import net.rim.device.api.ui.*;
import net.rim.device.api.ui.component.*;

/**
 * Sample to demonstrate persistence and content encryption.  The app al-
lows a
 * user to save Meeting objects which contain information such as date,
time
 * and names of those in attendance.  An additional GUI screen allows ex-
isting
 * meetings to be edited and re-saved.  This app does not allow for dele-
tion
 * of attendees.
 */
public final class PersistentStoreDemo extends UiApplication implements
ListFieldCallback
{
    private Vector _meetings;
    private PersistentObject _store;
    private PersistentStoreDemoScreen _screen;

    // com.rim.samples.device.persistentstoredemo = 0x220d57d6848faeffL
    static final long PERSISTENT_STORE_DEMO_ID = 0x220d57d6848faeffL;

    //
com.rim.samples.device.persistentstoredemo.PERSISTENT_STORE_DEMO_CONTROLLED
_ID = 0xbf768b0f3ae726daL
    static final long PERSISTENT_STORE_DEMO_CONTROLLED_ID =
0xbf768b0f3ae726daL;

    /**
     * Entry point for application.
     *
     * @param args Command-line arguments
     */
    public static void main(String[] args)
    {
        if ( args != null && args.length > 0 && args[0].equals("startup") )
        {
            PersistentObject store = Persistent-
Store.getPersistentObject(PERSISTENT_STORE_DEMO_ID);

            // We synchronize on our PersistentObject so that no other ob-
ject can
            // acquire the lock before we finish our commit operation.
            synchronized(store)
            {
                // If our PersistentObject is empty, we need to initialize
it.
                if(store.getContents() == null)
                {
                    store.setContents(new Vector());
                    PersistentObject.commit(store);
                }
            }

            // We register a PersistentContentListener upon device start-
up.
            // The listener listens for changes to the device content
```

```
            // protection and compression settings as well as persistent
            // content state changes.
            PersistentContent.addListener(new PersistentStoreListener());
    }
    else
    {
            // Launch GUI version of our application.
            PersistentStoreDemo theApp = new PersistentStoreDemo();

            // Make the currently running thread the application's event
            // dispatch thread and begin processing events.
            theApp.enterEventDispatcher();
    }
}

// Constructor
public PersistentStoreDemo()
{
        /* The purpose of the following code is to demonstrate the concept of
           protecting an object stored in the persistent store with a code signing
           key.  To fully demonstrate this feature, the application will need to be
           run on a secure BlackBerry Device or simulator.  Because this
           application leverages controlled API's, it will need to be signed with
           the appropriate keys.  See the BlackBerry Signature Tool Development
           Guide for more information on this subject.  You will also need to use
           the BlackBerry Signing Authority Admin Tool to create a pub-
           lic/private
           key pair with the name "ACME".  See the BlackBerry Signing Author-
           ity Tool
           Administrator Guide for more information.  Replace the ACME public
           key
           contained in this project with the ACME public key created with the
           BlackBerry Signing Authority Admin Tool.  Build the project and
           then use
           the BlackBerry Signing Authority Tool to sign the resulting cod
           file
           with the ACME private key.  When the "Access controlled object"
           menu
           item code in the PersistentStoreDemoScreen class is run, the module
           will
           be granted access to the controlled object by virtue of the fact
           that it
           is signed with the ACME key. */

        PersistentObject controlledStore = Persistent-
Store.getPersistentObject(PERSISTENT_STORE_DEMO_CONTROLLED_ID);
        synchronized(controlledStore)
        {
            CodeSigningKey codeSigningKey = CodeSigningKey.get( CodeModule-
Manager.getModuleHandle( "PersistentStoreDemo" ), "ACME" );
            controlledStore.setContents( new ControlledAccess(new Vector(),
codeSigningKey));
            PersistentObject.commit(controlledStore);
        }
```

```
        _store = Persistent-
Store.getPersistentObject(PERSISTENT_STORE_DEMO_ID);

        // Retrieve our saved Meeting objects from the persistent store.
        _meetings = (Vector)_store.getContents();

        // Create the main screen for our application and push it onto the
UI
        // stack for rendering.
        _screen = new PersistentStoreDemoScreen(_meetings);
        pushScreen(_screen);
    }

    /**
     * Called by MeetingScreen. Saves new or updated meeting and refreshes
the
     * list of meetings.
     * @param meeting The meeting to be saved.
     * @param index The meeting's position in the _meetings Vector.  A
value of -1 represents a new meeting.
     */
    void saveMeeting(Meeting meeting, int index)
    {
        if(index >= 0)
        {
            _meetings.setElementAt(meeting, index);
        }
        else
        {
            _meetings.addElement(meeting);
        }
        _screen.updateList();
    }

    /**
     * Method returns collection of Meeting objects.
     * @return A vector of Meeting objects.
     */
    Vector getMeetings()
    {
        return _meetings;
    }

    /**
     * Method to commit our updated vector of Meeting objects to the
     * persistent store.
     */
    void persist()
    {
        // We synchronize on our PersistentObject so that no other object
can
        // acquire the lock before we finish our commit operation.
        synchronized( _store )
        {
            _store.setContents(_meetings);
            PersistentObject.commit(_store);
        }
    }

    // ListFieldCallback methods --------------------------------------------
-------------------------------
```

```java
    /**
     * @see
net.rim.device.api.ui.component.ListFieldCallback#drawListRow(ListField,Gra
phics,int,int,int)
     */
    public void drawListRow(ListField list, Graphics graphics, int index,
int y, int w)
    {
        Meeting meeting = (Meeting)_meetings.elementAt(index);
        String text = meeting.getField(Meeting.MEETING_NAME);
        graphics.drawText(text, 0, y, 0, w);
    }

    /**
     * @see net.rim.device.api.ui.component.ListFieldCallback#get(ListField
, int)
     */
    public Object get(ListField list, int index)
    {
        return null; // Not implemented
    }


    /**
     * @see
net.rim.device.api.ui.component.ListFieldCallback#indexOfList(ListField ,
String , int)
     */
    public int indexOfList(ListField list, String p, int s)
    {
        return 0; // Not implemented
    }

    /**
     * @see
net.rim.device.api.ui.component.ListFieldCallback#getPreferredWidth(ListFie
ld)
     */
    public int getPreferredWidth(ListField list)
    {
        return Display.getWidth();
    }
}
```

1.2.4 PersistentStoreDemoScreen.Java

```
/*
 * PersistentStoreDemoScreen.java
 *
 * Copyright © 1998-2009 Research In Motion Ltd.
 *
 * Note: For the sake of simplicity, this sample application may not lever-
age
 * resource bundles and resource strings.  However, it is STRONGLY recom-
mended
 * that application developers make use of the localization features avail-
able
 * within the BlackBerry development platform to ensure a seamless applica-
tion
 * experience across a variety of languages and geographies.  For more in-
formation
```

```java
 * on localizing your application, please refer to the BlackBerry Java De-
velopment
 * Environment Development Guide associated with this release.
 */

package com.rim.samples.device.persistentstoredemo;

import net.rim.device.api.ui.container.*;
import net.rim.device.api.ui.component .*;
import net.rim.device.api.system.*;
import net.rim.device.api.ui.*;
import java.util.*;

/**
 * This screen displays a list of Meetings.
 */
public final class PersistentStoreDemoScreen extends MainScreen
{
    private ListField _meetingList;
    private PersistentStoreDemo _uiApp;

    /**
     * Constructor
     * @param meetings A vector of persistable Meeting objects
     */
    public PersistentStoreDemoScreen(Vector meetings)
    {
        _uiApp = (PersistentStoreDemo)UiApplication.getUiApplication();

        // Initialize UI components.
        setTitle(new LabelField("Persistent Store Demo", Label-
Field.ELLIPSIS | LabelField.USE_ALL_WIDTH));
        _meetingList = new ListField();
        add(_meetingList);

        // Set list field callback and update meeting list.
        _meetingList.setCallback(_uiApp);
        updateList();
        addMenuItem(newMeetingItem);
        addMenuItem(retrieveItem);
    }

    /**
     * Method to refresh our meetings list field.
     */
    void updateList()
    {
        _meetingList.setSize(_uiApp.getMeetings().size());
    }

    /**
     * Pushes a MeetingScreen to display the selected meeting.
     * @param editable True if the meeting displayed should be editable,
false if the meeting should be read only
     */
    void displayMeeting(boolean editable)
    {
        if( !_meetingList.isEmpty() )
        {
            int index = _meetingList.getSelectedIndex();
            Vector meetings = _uiApp.getMeetings();
```

```
            _uiApp.pushScreen( new Meet-
ingScreen((Meeting)meetings.elementAt(index), index, editable) );
        }
    }

    /**
     * Overrides method in super class.  Adds items to act on selected meet-
ing if list is not empty.
     * @see net.rim.device.api.ui.Screen#makeMenu(Menu,int)
     */
    protected void makeMenu(Menu menu, int instance)
    {
        if(_meetingList.getSize() > 0)
        {
            menu.add(viewItem);
            menu.add(editItem);
            menu.add(deleteItem);
        }

        super.makeMenu(menu, instance);
    }

    /**
     * Overrides method in super class.
     * @see net.rim.device.api.ui.Screen#keyChar(char,int,int)
     */
    protected boolean keyChar(char key, int status, int time)
    {
        // Intercept the ENTER key.
        if (key == Characters.ENTER)
        {
            displayMeeting(false);
            return true;
        }

        // Intercept the ESC key - exit the app on its receipt.
        if(key == Characters.ESCAPE)
        {
            _uiApp.persist();
            close();
            return true;
        }
        return super.keyChar(key, status, time);
    }

    /**
     * Handles a trackball click and provides identical behavior to an
     * ENTER keypress event.
     * @see net.rim.device.api.ui.Screen#invokeAction(int)
     */
    protected boolean invokeAction(int action)
    {
        switch(action)
        {
        case ACTION_INVOKE: // Trackball click.
            displayMeeting(false);
            return true; // We've consumed the event.
        }
        return  super.invokeAction(action);
    }
```

```
    //Inner classes-------------------------------------------------------------
-----

    private MenuItem newMeetingItem = new MenuItem("New Meeting", 100, 1)
    {
        /**
         * Creates a new Meeting object and passes it to a new instance
         * of a MeetingScreen.
         */
        public void run()
        {
            Meeting meeting = new Meeting();
            _uiApp.pushScreen(new MeetingScreen(meeting,-1,true));
        }
    };

    private MenuItem viewItem = new MenuItem("View", 65636, 1)
    {
        /**
         * Displays the selected meeting for viewing.
         */
        public void run()
        {
            displayMeeting(false);
        }
    };

    private MenuItem editItem = new MenuItem("Edit", 65636, 2)
    {
        /**
         * Displays the selected meeting for editing.
         */
        public void run()
        {
            displayMeeting(true);
        }
    };

    private MenuItem deleteItem = new MenuItem("Delete", 65636, 3)
    {
        /**
         * Retrieves the highlighted Meeting object and removes it from our
         * vector, then updates the list field to reflect the change.
         */
        public void run()
        {
            int i = _meetingList.getSelectedIndex();
            String meetingName = ((Meet-
ing)_uiApp.getMeetings().elementAt(i)).getField(Meeting.MEETING_NAME);
            int result = Dialog.ask(Dialog.DELETE, "Delete " + meetingName
+ "?");
            if(result == Dialog.YES)
            {
                _uiApp.getMeetings().removeElementAt(i);
                updateList();
            }
        }
    };

    private MenuItem retrieveItem = new MenuItem("Access controlled ob-
ject", 131172, 1)
    {
```

```
/**
 * Attempt to gain access to the controlled object.  If the module has
 * been signed with the ACME private key, the attempt will succeed.
 */
public void run()
{
    PersistentObject controlledStore = Persistent-
Store.getPersistentObject(PersistentStoreDemo.PERSISTENT_STORE_DEMO_CONTROL
LED_ID);
    if(controlledStore != null)
    {
        try
        {
            Vector vector = (Vector)controlledStore.getContents();
            if(vector != null)
            {
                Dialog.alert("Successfully accessed controlled ob-
ject");
            }
        }
        catch(final SecurityException se)
        {
            UiApplication.getUiApplication().invokeLater(new Run-
nable()
            {
                public void run()
                {
                    Dialog.alert("PersistentObject#getContents()
threw " + se.toString());
                }
            });
        }
    }
}
};
}
```

1.2.5 ListCallback.java

```
/**
 * ListFieldCallback.java
 *
 * Copyright © 1998-2009 Research In Motion Ltd.
 *
 * Note: For the sake of simplicity, this sample application may not lever-
age
 * resource bundles and resource strings.  However, it is STRONGLY recom-
mended
 * that application developers make use of the localization features avail-
able
 * within the BlackBerry development platform to ensure a seamless applica-
tion
 * experience across a variety of languages and geographies.  For more in-
formation
 * on localizing your application, please refer to the BlackBerry Java De-
velopment
 * Environment Development Guide associated with this release.
 */

package com.rim.samples.device.persistentstoredemo;
```

```java
import net.rim.device.api.ui.component .*;
import net.rim.device.api.ui.*;
import net.rim.device.api.system .*;
import java.util.*;

/**
 * Implementation of ListFieldCallback.
 */
class ListCallback implements ListFieldCallback
{
    private Vector listElements = new Vector();

    /**
     * @see
net.rim.device.api.ui.component.ListFieldCallback#drawListRow(ListField,Gra
phics,int,int,int)
     */
    public void drawListRow(ListField list, Graphics g, int index, int y,
int w)
    {
        String text = (String)listElements.elementAt(index);
        g.drawText(text, 0, y, 0, w);
    }

    /**
     * @see net.rim.device.api.ui.component.ListFieldCallback#get(ListField
, int)
     */
    public Object get(ListField list, int index)
    {
        return listElements.elementAt(index);
    }


    /**
     * @see
net.rim.device.api.ui.component.ListFieldCallback#indexOfList(ListField ,
String , int)
     */
    public int indexOfList(ListField list, String p, int s)
    {
        return listElements.indexOf(p, s);
    }

    /**
     * @see
net.rim.device.api.ui.component.ListFieldCallback#getPreferredWidth(ListFie
ld)
     */
    public int getPreferredWidth(ListField list)
    {
        return Display.getWidth();
    }


    void insert(String toInsert, int index)
    {
        listElements.addElement(toInsert);
    }

    void erase()
```

```
    {
        listElements.removeAllElements();
    }
}
```

1.2.6 PersistentStoreListener.java

```
/*
 * PersistentStoreListener.java
 *
 * Copyright © 1998-2009 Research In Motion Ltd.
 *
 * Note: For the sake of simplicity, this sample application may not lever-
age
 * resource bundles and resource strings.  However, it is STRONGLY recom-
mended
 * that application developers make use of the localisation features avail-
able
 * within the BlackBerry development platform to ensure a seamless applica-
tion
 * experience across a variety of languages and geographies.  For more in-
formation
 * on localizing your application, please refer to the BlackBerry Java De-
velopment
 * Environment Development Guide associated with this release.
 */

package com.rim.samples.device.persistentstoredemo;

import java.util.Vector;
import net.rim.device.api.system.*;

/**
 * Persistent content listener for the PersistentStoreDemo app.  Listens
for
 * changes to the device's Content Protection/Compression security settings
and
 * re-encodes data accordingly. Changes to the device's state are ignored.
 */
public final class PersistentStoreListener implements PersistentContentLis-
tener
{
    /**
     * Called when the state of the device changes
     * (unlocked/locking/locked insecure/locked secure). This app doesn't
care
     * about these state changes because data is always encoded inside the
     * Meeting objects; thus, there is no need to encode or decode them
during
     * locking and unlocking.
     * @param state The device's new state.
     */
    public void persistentContentStateChanged(int state)
    {
        // Ignored
    }

    /**
     * Called when the device's Content Protection/Compression security
settings
     * are changed.  Re-encodes the data accordingly.
```

```
     * @param generation Used to determine if the user has changed the con-
tent protection settings since the listener was notified.
     */
    public void persistentContentModeChanged(int generation)
    {
        PersistentObject persist = Persistent-
Store.getPersistentObject(PersistentStoreDemo.PERSISTENT_STORE_DEMO_ID);

        if (persist != null)
        {
            synchronized(persist.getContents())
            {
                Vector meetings = (Vector) persist.getContents();
                if (meetings == null)
                {
                    // Contents empty; nothing to re-encode.
                    return;
                }
                for (int i = 0; i < meetings.size(); ++i)
                {
                    Meeting meeting = (Meeting)meetings.elementAt( i );
                    meeting.reEncode();
                    if ( generation != PersistentCon-
tent.getModeGeneration() )
                    {
                        // Device's Content Protection/Compression security
                        // settings have changed again since the listener
was
                        // last notified.  Abort this re-encoding because
it
                        // will have to be done again anyway according to
the
                        // new Content Protection/Compression security set-
tings.
                        break;
                    }
                }
                // Commit the updated data to the persistent store.
                persist.commit();
            }
        }
    }
}
```

1.3 Quellecode der Entwickelten Applikation PruefCountDown

1.3.1 Pruefung.Java

```
package com.pruefcountdown;

import net.rim.device.api.system.*;
import net.rim.device.api.util.*;
import java.util.*;


public final class Pruefung implements Persistable
```

```java
{
    //Indizes für den Vektor
    public static final int NAME = 0;
    public static final int DESC = 1;
    public static final int TYPE = 2;
    public static final int DATE = 3;

    // Länge des Vectors
    private static final int NUM_FIELDS = 4;
    private Vector _elements;


    // Constructor für den Prüfungsvector
    public Pruefung()
    {
        _elements = new Vector(NUM_FIELDS);
        //Mit leerem String vorbelegen
        for (int i = 0; i < NUM_FIELDS-1; ++i)
        {
            _elements.addElement("");
        }
        //Das Date Element mit dem Epochwert des 01.01.2010 vorbelegen.
        _elements.addElement("1262304000000");
    }

    // Lesen der Felder
    String getField(int id)
    {
        return  _elements.elementAt(id).toString();
    }
    // Lesen des Datumsfeldes, cast auf long erforderlich
    long getDateField(int id)
    {
        long l = Long.parseLong(_elements.elementAt(id).toString());
        return  l;
    }
    // Schreiben der Felder
    void setField(int id, String value)
    {
        _elements.setElementAt(value, id);
    }

    // Schreiben des Datumsfeldes, cast auf String erforderlich
    void setDateField(int id, long value)
    {
        String str = Long.toString(value);
        _elements.setElementAt(str, id);
    }

}
```

1.3.2 PruefungScreen.Java

```java
package com.pruefcountdown;

import net.rim.device.api.ui.container.*;
import net.rim.device.api.ui.component.*;
import net.rim.device.api.system.*;
import net.rim.device.api.ui.*;
import java.util.*;
```

```java
import net.rim.device.api.i18n.DateFormat;
import net.rim.device.api.i18n.SimpleDateFormat;


public final class PruefungScreen extends MainScreen
{
    // Felder Festlegen
    private EditField _nameField;
    private EditField _descField;
    private DateField _dateField;
    private ObjectChoiceField _typeField;

    private PopupScreen _popUp;
    private PruefCountDown _uiApp;

    private PruefungScreen _screen;
    private Pruefung _pruefung;
    private int _index;


    public PruefungScreen(Pruefung pruefung, int index, boolean editable)
    {
        //Instanzen der Variablen
        _pruefung = pruefung;
        _index = index;
        // Datumsformat festlegeen
        DateFormat df = new SimpleDateFormat("EEE, MMM d yyyy");

        _uiApp = (PruefCountDown)UiApplication.getUiApplication();
        _screen = this;

        // Feldnamen, und Feldtypen, Labels vergeben und Werte aus dem Vec-
tor holen
        _nameField = new EditField("Prüfung Name:
",_pruefung.getField(Pruefung.NAME));
        _descField = new EditField("Beschreibung:
",_pruefung.getField(Pruefung.DESC));
        String choices[] = {"Abstract", "Klausur", "Präsentation", "Hausar-
beit"};
        _typeField = new ObjectChoice-
Field("Art:",choices,_pruefung.getField(Pruefung.TYPE));
        _dateField = new DateField("Datum:
",_pruefung.getDateField(Pruefung.DATE),df);

        // Felder dem Sreen Object hinzufügen
        add(_nameField);
        add(_descField);
        add(_dateField);
        add(_typeField);

        // Legt den Modus fest, wie der Screen aufgerufen wird, editierrbar
oder nicht
        if(editable)
        {
            setTitle("Bearbeiten");
            addMenuItem(saveItem);
        }
        else
        {
            setTitle(new LabelField("Anzeigen"));
```

```java
                _nameField.setEditable(false);
                _descField.setEditable(false);
                _dateField.setEditable(false);
                _typeField.setEditable(false);
        }
    }

    // Speichern Methode prüfungen. Felder in den Vektor Schreiben und
speichern
    protected boolean onSave()
    {
        if(!(_nameField.getText().equals("")))
        {
            _pruefung.setField(Pruefung.NAME,_nameField.getText());
            _pruefung.setField(Pruefung.DESC,_descField.getText());
            _pruefung.setDateField(Pruefung.DATE,_dateField.getDate());
            _pruefung.setField(Pruefung.TYPE,_typeField.toString());
            _uiApp.savePruefung(_pruefung, _index);
            return super.onSave();
        }
        else
        {
            Dialog.alert("Bitte Name der Prüfungsleistung eintragen");
            return false;
        }
    }

    // Menüeintrag für die Speichern Methode Erzeugen
    private MenuItem saveItem = new MenuItem("Speichern", 11000, 11)
    {
    public void run()
        {
            if(onSave())
            {
                close();
            }
        }
    };
}
```

1.3.3 PruefungenCountDown.Java

```java
package com.pruefcountdown;

import java.util.*;
import net.rim.device.api.system.*;
import net.rim.device.api.ui.*;
import net.rim.device.api.ui.component.*;
import net.rim.device.api.util.*;

public final class PruefCountDown extends UiApplication implements List-
FieldCallback
{
    // Instanzen
    private Vector _pruefungen;
    private PersistentObject _store;
    private PruefCountDownScreen _screen;

    // HashCode zum Speichern für Security
    static final long PERSISTENT_STORE_PRUEFUNG_ID = 0x220d57d6848faeffL;
```

```java
    // Persisentes Objekt Erzeugen
    public static void main(String[] args)
    {
        if ( args != null && args.length > 0 && args[0].equals("startup") )
        {
            PersistentObject store = Persistent-
Store.getPersistentObject(PERSISTENT_STORE_PRUEFUNG_ID);
            synchronized(store)
            {
                if(store.getContents() == null)
                {
                    store.setContents(new Vector());
                    PersistentObject.commit(store);
                }
            }
        }
        else
        {
            PruefCountDown theApp = new PruefCountDown();
            theApp.enterEventDispatcher();
        }
    }
//Sortieren eines Vectors, damit die Tage absteigend angezeigt werden
    public static Vector sort(Vector vector, Comparator comparator) {
        synchronized (vector) {
            Object[] array = new Object[vector.size()];
            vector.copyInto(array);
            net.rim.device.api.util.Arrays.sort(array, comparator);
            for (int i = 0; i < array.length; i++) {
                vector.setElementAt(array[i], i);
            }
        }
    return vector;
}
    // Constructor
    public PruefCountDown()
    {
        // Persisentes Objekt Erzeugen
        _store = PersistentSto-
re.getPersistentObject(PERSISTENT_STORE_PRUEFUNG_ID);

        // gespeicherte Prüfungen aus dem Vector holen
        _pruefungen = (Vector)_store.getContents();
        // Prüfungen Sortieren, der Comperator ist in einer eigenen Klasse
implementiert
        _pruefungen = sort(_pruefungen, new PruefungComperator());
        _screen = new PruefCountDownScreen(_pruefungen);
        pushScreen(_screen);
    }

    // Wenn eine neue Prüfung einen index hat, wird sie bearbeitet, ansons-
ten eine neue angefügt
    void savePruefung(Pruefung pruefung, int index)
    {
        if(index >= 0)
        {
            _pruefungen.setElementAt(pruefung, index);
        }
        else
        {
```

```java
            _pruefungen.addElement(pruefung);
        }
        // Wenn eine neue Prüfung angelegt wurde oder eine bestehende Ver-
ändert ,wird neu sortiert
        _pruefungen = sort(_pruefungen, new PruefungComperator());
        _screen.updateList();
    }

    // einen Vector mit den Prüfungen zurückgeben
    Vector getPruefungen()
    {
        return _pruefungen;
    }

    void persist()
    {
        // Locken, damit kein anderes Objekt in die Quere kommen kann
        synchronized( _store )
        {
            _store.setContents(_pruefungen);
            PersistentObject.commit(_store);
        }
    }

    // ListFieldCallback methods -----------------------------------

    // generieren der Zellen für die Listenausgabe
    public void drawListRow(ListField list, Graphics graphics, int index,
int y, int w)
    {
        Pruefung pruefung = (Pruefung)_pruefungen.elementAt(index);
        String text = pruefung.getField(Pruefung.NAME);
        // Ermitteln der Differenz zwischen dem Gespeicherten Datum der
Prüfung und dem neuen Datum
        Date today = new Date();
        long diff = pruefung.getDateField(Pruefung.DATE) - today.getTime();
        diff = (diff)/(1000 * 60 * 60 * 24);
        text = "Noch " + diff + " bis zu " + text;

        // Wenn weniger als 5 Tage den Eintrag rot färben, wenn kleiner als
10 Orange, sonst grün
        graphics.setColor(diff <= 5 ? Color.RED : (diff <= 10 ?
Color.ORANGE : Color.GREEN));
        graphics.drawText(text, 0, y, 0, w);
    }

    // Übernommene Methoden aus Persistent Store Demo
    public Object get(ListField list, int index)
    {
        return null; // Not implemented
    }

    public int indexOfList(ListField list, String p, int s)
    {
        return 0; // Not implemented
    }
    public int getPreferredWidth(ListField list)
    {
        return Display.getWidth();
    }
}
```

1.3.4 PruefCountDownScreen,Java

```
package com.pruefcountdown;

import net.rim.device.api.ui.container.*;
import net.rim.device.api.ui.component .*;
import net.rim.device.api.system.*;
import net.rim.device.api.ui.*;
import java.util.*;

public final class PruefCountDownScreen extends MainScreen
{
    private ListField _pruefungList;
    private PruefCountDown _uiApp;

    public PruefCountDownScreen(Vector pruefungen)
    {
        _uiApp = (PruefCountDown)UiApplication.getUiApplication();
        // Initialisieren, Titel der Anwendung, listenfeld erzeugen
        setTitle(new LabelField("Prüfungen Count Down", LabelField.ELLIPSIS
| LabelField.USE_ALL_WIDTH));
        _pruefungList = new ListField();
        add(_pruefungList);
        // Callback und Update
        _pruefungList.setCallback(_uiApp);
        updateList();
        addMenuItem(newPruefungItem);
    }

    //Update Methode
    void updateList()
    {
        _pruefungList.setSize(_uiApp.getPruefungen().size());
    }

    // Anzeigen einer Prüfung
    void displayPruefung(boolean editable)
    {
        if( !_pruefungList.isEmpty() )
        {
            int index = _pruefungList.getSelectedIndex();
            Vector pruefungen = _uiApp.getPruefungen();
            _uiApp.pushScreen( new Prue-
fungScreen((Pruefung)pruefungen.elementAt(index), index, editable) );
        }
    }
    //Menüeinträge Anzeigen, Ändern, Löschen
    // Der Eintrag zum erzeugen wurde schon angelegt
    protected void makeMenu(Menu menu, int instance)
    {
        if(_pruefungList.getSize() > 0)
        {
            menu.add(viewItem);
            menu.add(editItem);
            menu.add(deleteItem);
        }

        super.makeMenu(menu, instance);
    }

    // Bei Eingabe Prüfung direkt öffnen bzw Applikation verlassen
    protected boolean keyChar(char key, int status, int time)
```

```
    {
        if (key == Characters.ENTER)
        {
            displayPruefung(false);
            return true;
        }
        if(key == Characters.ESCAPE)
        {
            _uiApp.persist();
            close();
            return true;
        }
        return super.keyChar(key, status, time);
    }
    // Bei trackball click direk öffnen
    protected boolean invokeAction(int action)
    {
        switch(action)
        {
            case ACTION_INVOKE: // Trackball click.
                displayPruefung(false);
                return true;
        }
        return  super.invokeAction(action);
    }

    //Definition der Menüeinträge
    private MenuItem newPruefungItem = new MenuItem("Neue Prüfung", 100, 1)
    {
        public void run()
        {
            Pruefung pruefung = new Pruefung();
            _uiApp.pushScreen(new PruefungScreen(pruefung,-1,true));
        }
    };
    // Anzeigen oder editieren --> Aufruf der display Prüfung methode mit
flag
    private MenuItem viewItem = new MenuItem("Anzeigen", 65636, 1)
    {
        public void run()
        {
            displayPruefung(false);
        }
    };
    private MenuItem editItem = new MenuItem("Bearbeiten", 65636, 2)
    {
        public void run()
        {
            displayPruefung(true);
        }
    };
    // Eintrag löschen, Vorher nachfragen
    private MenuItem deleteItem = new MenuItem("Löschen", 65636, 3)
    {
        public void run()
        {
            int i = _pruefungList.getSelectedIndex();
            String pruefungName = ((Prue-
fung)_uiApp.getPruefungen().elementAt(i)).getField(Pruefung.NAME);
            int result = Dialog.ask(Dialog.DELETE, "Die Prüfung " + prue-
fungName + " löschen?");
            if(result == Dialog.YES)
```

```
                   {
                        _uiApp.getPruefungen().removeElementAt(i);
                        updateList();
                   }
              }
         };
     }
```

1.3.5 ListfieldCallback.Java

```
package com.pruefcountdown;


import net.rim.device.api.ui.component .*;
import net.rim.device.api.ui.*;
import net.rim.device.api.system .*;
import java.util.*;

// übernommen aus PersistentStoreDemo
class ListCallback implements ListFieldCallback
{
    private Vector listElements = new Vector();
    public void drawListRow(ListField list, Graphics g, int index, int y,
int w)
    {
        String text = (String)listElements.elementAt(index);
        g.drawText(text, 0, y, 0, w);
    }
    public Object get(ListField list, int index)
    {
        return listElements.elementAt(index);
    }
    public int indexOfList(ListField list, String p, int s)
    {
        return listElements.indexOf(p, s);
    }
    public int getPreferredWidth(ListField list)
    {
        return Display.getWidth();
    }
    void insert(String toInsert, int index)
    {
        listElements.addElement(toInsert);
    }
    void erase()
    {
        listElements.removeAllElements();
    }
}
```

1.3.5 PruefComperator.Java

```
package com.pruefcountdown;

import java.util.*;
import net.rim.device.api.system.*;
import net.rim.device.api.ui.*;
import net.rim.device.api.ui.component.*;

import net.rim.device.api.util.*;
```

```java
// Vergleicht 2 Daten auf deren Größe
// Typecast hier nicht erforderlich, da bei der Epoche der Stringvergleich
reicht
class PruefungComperator implements Comparator
    {

        public int compare(Object o1, Object o2)
        {
            String name1 = ( (Pruefung)o1 ).getField(Pruefung.DATE);
            String name2 = ( (Pruefung)o2 ).getField(Pruefung.DATE);
             return name1.toString().compareTo(name2.toString());
        }
    }
```

2.   Tabellen

2.1 BlackBerry Browser Guide

BlackBerry Browser web standards support

The following table lists the web standards that the BlackBerry® Browser supports, and the version of the BlackBerry® Device Software in which support was introduced.

Legend: f=full support; p=partial support

Content type	3.7	3.8	4.1	4.2	4.3	4.5	4.6	4.7	4.71	5.0
HTML										
HTML 5 Forms									f	f
HTML 5 Parsing									f	f
HTML 4.01 Frames				p	p	p	f	f	f	f
HTML 4.01 Forms	p	p	p	p	p	p	f	f	f	f
HTML 4.01 Tables	p	p	p	p	p	p	f	f	f	f
XHTML 1.0	f	f	f	f	f	f	f	f	f	f
CSS										
CSS 3 color									p	p
CSS 3 marquee									f	f
CSS 3 media queries									f	f
CSS 3 namespaces									f	f
CSS 3 selectors									f	f
CSS 2.1			p	p	p	p	f	f	f	f
ECMAScript™ and JavaScript™										
JavaScript 1.6									p	p
JavaScript 1.5		p	p	p	p	p	f	f	f	f
JavaScript 1.4		p	p	p	p	p	f	f	f	f
JavaScript 1.3		p	f	f	f	f	f	f	f	f
ECMAScript™ (ECMA-262)		f	f		f	f	f	f	f	f
DOM										
DOM Level 2 Core							f	f	f	f

Abbildung 7 Browser Guide[34]

---

[34] Entnommen aus BlackBerry (2009 f)

www.ingramcontent.com/pod-product-compliance
Lightning Source LLC
LaVergne TN
LVHW042125070326
832902LV00036B/1070